桜木君（さくらぎくん）

1

井上雄彦（いのうえたけひこ）

SLAM Dunk
スラム ダンク

桜木君
（さくら ぎ くん）

VOL.1

CONTENTS

5

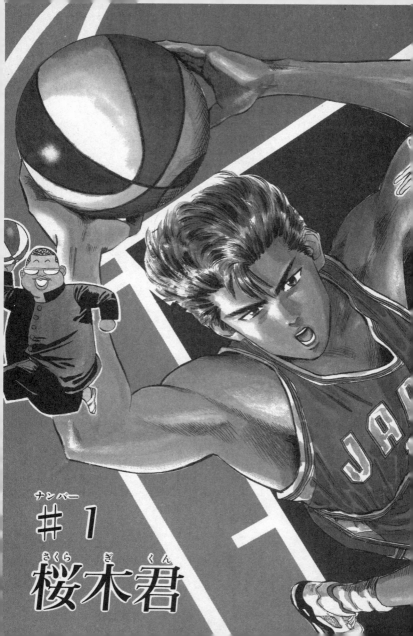

♯1
桜木君

SLAM DUNK **1**

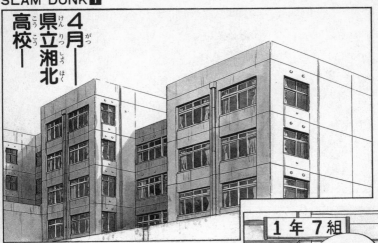

―4月―
県立湘北
高校―

1 年 7 組

よ
洋平どーだ
花道の様子は
!?

まだ
立ち直ってねーな
自分のカラに
とじこもってるよ

高校入ったら
立ち直ると
思ったんだけどな
どーもあいつは
性格が内向的
なんだよな～
あんな赤い髪
してるクセに

バスケット部の
小田君が好きなの
ゴメンなさい

よ―花道
元気出せや
バスケット部が
なんでい
バスケット部が!!

ごっん

ダメだよ
大楠
バスケットは今
禁句なの

よー、いいのかよ
休み時間に
ビスケットなんか
食って

うるせーなぁ

バスケット？

きのう
ビデオで
バ・クダッド・
カフェって
映画みてさー

ふぅん

バスケット・カフェ？

相当
神経過敏に
なってるな…

うーむ

ハア… なにがバスケット部の小田クンでいバカヤロー

ぶっ ぶっ ぶっ

どーせ つまんねー野郎にきまってるぜ… バスケット部なんて大きらいさ

世間は春だというのにオレの心は冬のままか…

フッ

ぐす…

あのう… スミマセン…

バスケットはお好きですか…？

ぴくっ

ふぬ…

ブォォォ

だれだ？

知らん

ルカワ？

背が高いですね
流川君とどっちが大きいかな…

うわぁスゴイ筋肉!!

どっきん

!!

にぎ にぎ にぎ

まあ脚も…!!スポーツマンなんですね!!

イ…イエべつに…

さわ さわ さわ

!!

やっぱりスポーツマンの男の人ってステキですよね

バスケットはお好きですか？

大好きです

スポーツマンですから

おおーっ!!

立ち直ったぞ!!

春が来た!!

このオレにも ついに 春が来たあーっ!!

16

おいそこの赤い髪

一年か名まえはなんてんだ

ん？

ス…スポーツマン桜木です！

よろしく

放課後屋上に来な

逃げんなよ

おい…

スク…

オラどけよ

ゲホゲホゴホ

あ…一瞬息がとまったぜ

ゼ…

フー

ゲホゴホ

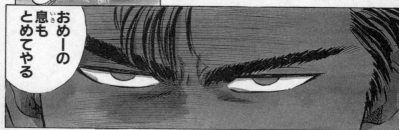

しょせんは中学レベルよ

フッ

放課後——

桜木君ちょっと時間ある?

バスケット部の見学にいきません?

ハルコさん…!!

何か用事とかあるならあれだけど…

ブンブン

ない!

ないっス!!

ゼンゼン

〈屋上〉

この堀田徳男が湘北高のおそろしさをたっぷり教えてやる

早く来い桜木!!

たのむよ徳ちゃん

ふっふっふっ

バキバキ

ニヤリ

おーい花道かえるべあれどこいった?

!!

ギリ

ゾゾゾ

さーいこいこ!

ウン

タッタッタッ

あっ
ボール

中学の時は
こんなふうに
ボールをコートに
出しっぱなしに
してたら
スゴイおこられた
のよね〜

スバラシイ

あっ
あたし中学の時は
バスケット部
だったんですよ

25

さっ
赤木晴子選手
カットインだっ

レイアップ
シュー…
とわっ

ガ

はっ
ほっ

ダム
ダム
ダム

桜木君
やって！

ドキドキ

パシ

ポイ

う～……

!!

あうっ

とて～

桜木君
ダンクって
知ってる？

エヘヘ
実はあたし
運動神経
ないんです

だから
高校では
バスケット
やらない
つもり

だけど
見てるのは
好きなの

大好き

子供の頃から
お兄ちゃんが
やってるのを
ずっと
見てたから

わっ 桜木君 ボールを つかめるの!? スゴイ

ん?プ う

わー っ やってみて やってみて やってみて

桜木君 もしかして ダンクできる んじゃない!? 背高いし!! ジャンプ力 ある!?

ス…スポーツマン ですから!! わかったでなだけ

イヤ〜〜〜 このくらい スポーツマンほらほら ですから

スゴーイ!!

ぜんやる

よおおし!!

……………

よっぽど バスケットが 好きなんだな ハルコさんは

カワイイゼ

うわーっ 何だかドキドキ してきた! 桜木君!!

このリングの 中にボールを たたきつけるのよ 桜木君!!

思いっきり 跳んでね!!

32

「キャーッ」
「キャーッ」

スゴイわ
スゴイ
スゴイのっ

おっ
キミは
ハルコちゃん

何してんだ？

死んでるなー

おお〜〜っ
何だよ花道
先帰ったと思ったら
こんなとこに
ねてやがった

ゾロ
ゾロ

救世主よ!!

救世主よ
お兄ちゃん!!

ハハーン
わかった!
だれもいない体育館に
連れこんで ムリヤリ
押し倒そうとしたが
拒否されてカウンターの
頭突きをくらった!

アタリだろ
えっ チガウ？

ワイワイ

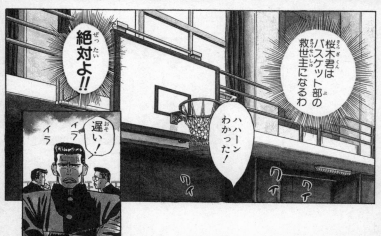

桜木君は
バスケット部の
救世主になるわ

ハハーン
わかった!

絶対よ!!

遅い!

イラ
イラ

のイ
のイ
のイ

流川楓(るかわかえで)だ

37

る かわ　　　かえで
流川　楓だ

39

桜木君にバスケ部に入部届け出しときましたから

お兄ちゃんが根性ないヤツはお断りだっていってたけど

桜木君なら大丈夫ですよね!!

コンジョーあります!!

大丈夫!!

なに花道おまえバスケ部に入んの？

あっチャイムだ

カーンカーン

それじゃ!

たっ

彼女と一緒に登下校できたら!!

ハルコさんカワイイぜ!!

うーん

そしたらもう死んだっていいぜーっ!!

おいおいオチツケ

うおお

花道の手

浅草の手

40

晴子って度胸あるのね

え？
よくあんなコワソーな人達と話ができるわね

SLAM DUNK 1

私もヤンキーの世界はよく知らないけど…

和光中から来た人に聞いたんだけどあの人達相当なワルらしいわよ！

桜木君達のこと？

桜木花道!!

水戸洋平!!

etc!!

おい!!

高宮　野間　大楠

中学時代は
この辺の不良の
大元締みたいな
人達だったらしいわよ

高校ではもう
3年の人達に
目をつけられてる
らしいし

晴子
こわくないの?

えーー でも
桜木君てスゴク
話しやすいよ

私が あんなに
気がねなく
話せた人なんて
初めてなんだから

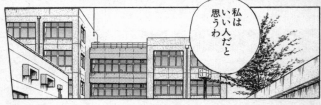

私は
いい人だと
思うわ

おい花道
おまえ あんまり
深追いすると
またフラれて
泣くぞ

ハルコちゃんは
本当に
カワイイよ

おとなしくて
性格もいい

うん、うん!

そーだろ!

む……

う……!!

おまえ
そんな子に
彼氏がいないと
思う?

男は
ほっとかんぜ
フツー

42

ルカワってのがのよ

ルカワって奴が彼氏なんだよきっと

そーそー

彼氏いるぜきっと

いつのまに…

?ルル ルカワ…

イヤがらせ軍団女

「あと流川君のダンクもすごかったな…」

「流川君とどっちが大きいかな」

ハッ

うおおお

まてまてまて!!

わっはっはっ!!

…………

そーそー

ルカワ…!!

まだ そうと
決まったワケじゃ
ねーよ

ハルコちゃんに
聞いてみりゃ
いいだろ

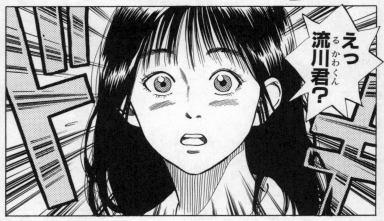

えっ
流川君?

………

ゴクッ

ハルコさんの
…か彼氏
なのではと…

だ…
だから

どぎまぎ

え…?
るるる流川君が
なに?

見ろ
あのあわて
ようを…

やっぱり
ルカワが
彼氏だ

ち
ちがいますよ!!

やっぱり
ルカワ君が
彼氏なんで
しょーか!?

な…

なにィ…!!?

!!

流川君は
あたしの
ことなんて
知らないのよ

…………

賭けて
やがったな
…

ちっ♪

ん?

見ろ
バーカヤロー
なーにが
カレシだ
ってめーら!!

流川君はね
富ヶ丘中の
バスケット部
だったの

あたしは四中で…
近かったから
よく練習試合
とかが
あって

いっつも
四中は流川君を
徹底的にマーク
するんだけど
どうしても押さえ
られなくて
連戦連敗

それで…
とうとう
流川君一人に
三人のマークを
つけたの

一人に
三人…!!

バスケットは
一チーム五人だから
たった一人に三人も
マークにいっちゃうと
残りの四人を二人で
守らなくちゃならなく
なっちゃうのよね
そうまでして
流川君を止めようと
したんですよ

ところが…
流川君は その試合で
三人のマークマンの上から

4本のダンクを決めて
四中を蹴散らした!!

その試合

彼は一人で
51得点を
あげたの

BASKETBALL
FREAK

その日の
流川君の姿
今も目に
焼きついてる…

む…!?

あっ
やだ
こんなことまで…!!

桜木君ってなんか
話しやすいから何でも
しゃべっちゃう

ま…
まさか…

それで
ハルコさんは
ルカワ君のことを
…?

・・・・・・・・・・!!

ギクッ

48

桜木君…？

あれ…？

ああ…
こんなこと
だれにも
話したこと
ないのよ

だれにも
言わないでね
桜木君

記念すべき
高校第一号!!
失恋の

おめでとう
花道!!

プルプル

偉大な記録は
ここから
始まる!!

………

ギロリ

………

………

キッ!!

うっ…

くるぞ

50

か〜なしそ〜な
ひ〜と〜み〜で

み〜て〜
い〜くる〜よ〜

……………‼

フラフラ
フラれっぱなし〜

またフラれ〜
た〜の〜〜

フラフラ
フラれっぱなし〜

51人目〜〜

悲しすぎるぜ
花道…

今度こそ
本気だったん
だな…

ぐず…

花道の
フラれ唄募集‼

〒101-50
東京都千代田区
一ツ橋2-5-10
集英社 少年ジャンプ
編集部
「SLAM DUNK」
花道のフラれ唄係

おてがみは
コチラ

ゴス

ボシュッ
(テレるな)

コス

1年7組

桜木はいるかァ!?

う…!?
な
何だ
おまえ達!?

!!

ご心配なくスグ帰りますから

桜木!!
用件はわかってるな

放課後
屋上に来いや
今度は逃げんなよ

ふんぬー!!!

桜木と書いて
バカと読みやがったな
もー怒った!!!

おち
ついて
桜木君!!

頭数を そろえ
といた方が
いいッスよ

ザコばっかじゃ
しょーがねー
けど

よかろう
水戸 おまえが
その桜木を
連れてきな

二人まとめて
相手して
やるよ

あー
こわかった…

フッ

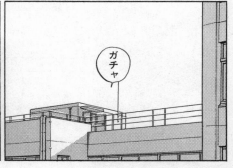

ん?

ガチャ

何だ
コイツは？

オラ
小僧

こんなとこに
ねてんじゃねえ
どけ！

ドガッ

ドッ

お…
デケー奴
だな…

ス…

う…

ボッ

桜木くらい
あるんじゃねーか
コイツ…

いてえ…

オラ
さっさと
帰らんか
小僧
!!

blood

このガキャ…

ゲホッ
ゴホッ

許さねーのは
こっちだ…!!

ブッ殺せ
!!

フッ…
こいつにも
湘北高の恐ろしさを
教える必要が
ありそうだな

・・・・・・

＃3 blood

よし
いこーぜ
屋上

3年だろーが
何だろーが関係ねえ
ブッつぶしてやる

おっ
花道
洋平！

どこいくんだ
おめーら二人で？

ん？

おお？
殺気立っちゃって
ケンカだな
さては

なんだよ
おめーらにゃ
カンケー
ねーよ

む
なんだと！？
おめーら
なんか最近
オレたちをetc.
扱いしてねーか！？

フザケんな！
よし
オレたちも
いくぜ！！

オウ
このままザコと
思われて
たまるかってんだ！！

よし行くぜ！！
場所はどこだ！？

…何
燃えてんだ

ルカワ!?

流川 楓
（る かわ）（かえで）

なに
ルカワ!?

コイツが…

コイツが
ハルコさんが片思いを
（かたおも）
しているとゆう…

ルカワ!!!

?

しかしこの流川って奴あの堀田たちを一人でやっちまうとは…!!

何だオマエはコイツらの仲間か?

マズイ…!!この流川とシットに狂って逆上してる花道がやりあえばとんでもないことになるぞ!!

あぁ!!何だとコラァ!!

オ…オレの名前を教えてやろうかァ!!

お?

おいちょっとおちつけよ花道!

うーんこりゃおもしろくなってきた

わくわくわく

て無責任軍団

桜木君

1年7組

ハルコさん!?

桜木君やめて!!

おお～～～!?
役者が そろったかあ

はっ!!

みんなは
桜木君のことを
不良だとかコワイ
とかって言うけど

私は
そんな人じゃ
ないと思ってた

こんなことを
する人だとは
思わなかった
わ

血

桜木君…

ぱぁ

ぎゅっ…

……?

69

ちょっと
まった
ハルコちゃん
そりゃあ
カンチガイ…

流川君
大丈夫！？

ダメだ
きいて
ねー

だっ

さっき
フラれたばかり
なのに
そのうえ
この仕打ちとは
…

神様
そんなに
僕がお嫌い
ですか？

おおっ！

そーなんだ
そーなんだ

そして
きっと
あの流川の
ことが
好きなんだ
そーなんだ

お…
おちつけ！

…
流川君
血を
ふかなきゃ
…!!

ああ
だめよ そんな…!!
ちゃんと消毒して
病院に行った方が
いいかも!!

いいよ

こんなの

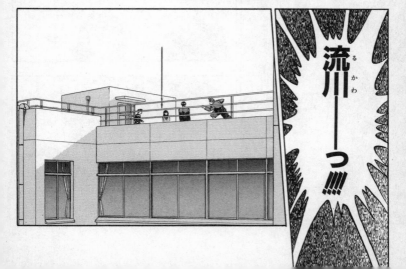

74

完ペキに嫌われたく‼
もういやだ‼
この世に神も仏もあるもんか‼

お…おちつけ花道‼

大丈夫ハルコちゃんもスグカンちがいだったってわかるさ‼な‼

大キラいだっ‼

しかし花道の本気のパンチをくらって立ってられた奴なんてはじめて見たぜ…

…あの…流川って奴…‼

はなせ…

お…おちつけ花道‼

こりゃあマジに病院かな…

桜木か…あんにゃろう

放してくれ～‼

どくん

ふら
ふら
ふら

桜木花道と流川楓——

のちに終生のライバルといわれる二人の出会いであった

…どうしよう

あぁ～

あたしの勘違いだったなんて…

はぁ～…

暴力をふるって人を傷つけるなんて最低よ!!

もう大っキライ!!

火でしょ

あぁ～っカオから血がでるほど恥ずかしい!!

ひどいことを言って!!

………!!

謝んなくちゃ…
でも桜木君に
あわせる顔ないわ
…

いんじゃない
別に桜木なんて

それより
流川君と
話できて
よかった
じゃない

話なんて…

うるせーな
ほっとけよ

よし!!
悩んでても
しょーがない!!

放課後
謝りに行こう!!

うん!!

今いけば?

ダメよく
心の準備が
いるのよお

根性なし

なによ〜〜〜

放課後――

ワイ
ワイ
ワイ

81

でっ…
でけえ!!

花道よりもっとでけえ!!

何遊んでんだバカタレが!!
もう練習はじまってんだぞ!!

すいません!!!

すいません!!

すいません!!

すげえ…

ひえ…!!

すいませんでした
すいませんでした
すいませ…

んでえ!

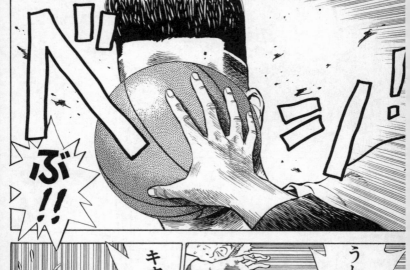

ろバスケット部
サ
サ年10ラ習2
流い楓
サラ

桜木…

桜木君
いたいた!!

晴子ー
晴子ー!!

いた!?

体育館でバスケ部のキャプテンと勝負してんだって!!

学校中の注目の的よ!!

バスケ部のキャプテン…?

ぎょっ

どーしたすぐとれるんじゃなかったのかコラーッ!!

あわてんなこのゴリラ男!!

すぐとってやるからまってろい!!

ゴリ…

ダムダム

ダム

！！とりゃあ

わはははははは！！

そりゃサッカーだ！！

あのバカ…

なんなんだアイツは！！

バスケ部のキャプテンがどうかしたの晴子？

バスケ部のキャプテン…

バスケ部のキャプテンって…

それって…

な…なにぃ…！？

おめーはバスケットとサッカーの区別もつかねーのか！！

バスケは足をつかっちゃいけねーんだ！！

♯5 愛は勝つ

絶対 勝ァーっ!!

おおう!!

おおーっ
あっというまに
8ゴール目だ!!

やっぱ
こりゃ
実力が
ちがい
すぎるぜ!!

くっそーっ!!

どーだ！
これが　てめーが
玉入れアソビと
バカにした
スポーツだ！！

バスケットを
ナメるな！！

キャプテン
相当　熱く
なってるぜ！！

赤木とすれば
当然だ！
バスケットを
侮辱されたん
だからな

木暮さん

お兄ちゃんは
バスケットの
ことに
なると　人が
変わっちゃうの

ふだんは
やさしいんだけど

小学校の頃から
バスケひと筋で

すべてを
バスケットに
かけてきたような
人だから…

ホントかよ
あの怪物が…

くっそ～っ!!

あのルカワといいこのゴリラといいどうしてこうバスケをやる奴にはやな野郎が多いんだ!!ハルコさんにはフラれるし

あーっムカつく!!!

むっ!!

ドキュン

!!速えっ

ほうスピードだけは超一流だな

だがそれだけではオレに勝てん!!

ゼッタイ勝つっ!!

ん

ああ～～～
二人は仲間に
なるはずだったのに…

ねー
お兄ちゃん！

ホントよ
スゴいんだから
!!

桜木君って
いってねー
身長は190近く
あるかなぁ

バスケは
初心者
なんだけどー

ふーん…

グッ

グッ

ボードで
頭うっちゃった
のよー‼

これがまた‼

ゴツンて！
信じられる⁉

とにかく
すごいのよ
ダンクしようとして
ジャンプしたら
どーなったと
思う？
どーなったと
思う？

ね

うーん
さぁ？

根性ありそうか？

うん 根性も あるわよ!! 桜木君ならゼッタイ スゴイ選手になるから!

バスケ部に入るっていってたわ!!

そうか…

今年はお前のお気に入りの富中の流川も入るし

かなり戦力はアップするな

え…

今年こそ…夢が叶うかもな

うん!!できるわよきっと!!全国優勝!!

桜木か…!!楽しみだな

おおーっ
なんか知らんが
燃えてるぞ!!

さァ
最後の1本だ!!

ゴチャゴチャ
考えるのはやめだ!
とにかくシュートを
決めさせなければ
いんだ!!

!?

これで
おわりだ
!!

あっ!!

あァ
——っ!?

おはっ

きたっ!!

113

フンフンフンフン
フンフンフン
フンフンフン
フンフンフン

おぉーっ
スゲェ!!

シュートコースを
すべて
ふさいで
るぞ!!

あれは
花道の人間ばなれした
体力と瞬発力が
あってこそ
できる技だ!!

まさに
神技!!

まるで
カベだ!!

湘北

宮

あっ…!!

ボ…
ボールは!?

うわ……!!

大丈夫かよ
スゲエ音したぞ
今…!!

へへ…
とったぞ

シュートが
バスケ部の主将から
ボールを とったあ
——っ!!

ドッオオオオオオォッ

スゲエ!!

うわぁぁ
——っ
ついにとったぞ
——っ!!

やった

スゴイわ!!
みんな桜木君の
スゴさを
わかってくれたのね!!

そーよ
桜木君は
スゴイ人なのよ!!

ハルコちゃん
さっきまで
やめろって言って
なかった?

言ってた

ヒソ
ヒソ
ヒソ
ヒソ

スゴイ
の——っ!!

メカ!!

アイツ…
ただ者じゃ
ないぞ

木暮さん…

赤木から
ボールを
とるとは

見ろ

さっきまで
おもしろ半分で
見ていた
ヤジ馬たちも
マジで応援
している

だんだん
のめりこんで
きてるんだ

……………

なんせ
オレたちの
ダチだから
よ—

アイツを
見てると
なんか
やりそうな気が
するんだ

ああ
アイツは
タダ者じゃ
ねえぜ

でしょう？
そうでしょう
うんうん

オレ
桜木に
かけるぜ!!

オレも!!

さあ
さあ
まだ
間に合うよ
ダンナ

オレもだ

さあ
さあ

お兄ちゃん
その人が
桜木君よ!!

バスケ部の
救世主よ!!

ハルコさん…

ガンバッテ!!

ジ──ーン

プル プル プル プル

きらわれては
いなかった!!

きらわれては
いなかったあ
──っ!!

おお──っ
完全に
立ち直ったぞ!!

バカにも
少しは知恵が
あったようだな

さァ こい
赤い髪!!

122

おお～～～～っ
ノリまくっている!!

フン ぐるぐるぐるぐる!! フン フン

わははははは ぶんぶんぶんぶん ふん

いくぜっ!!

こらこらちょっとまて!!

タッ!!

こらあラグビーじゃないんだぞ!!
ドリブルもしらんのか!!

ボールもって3歩以上歩いちゃいけないんだよ!!

好きなようにさせろ

…赤木さん

かまわん!!

!

さすが
赤木さん
!!

「ゴール下のキングコング」の
異名はダテじゃないぜ!!

……!!

やっぱり
ムリだ
ーっ!!

相手が
わるすぎる
ぜ!!

さーどーする

ああ
お兄ちゃん
桜木君は初心者なのよ
そんなに本気にならなく
ても…!!

つまり
花道のことを
タダ者じゃないと
直感して
るんだ…

花道も
超マジだぜ

あっ!?

いや

ダッ

なんだあ？
もう
かなわないと見て
ヤケクソのシュートかぁ!?

ちがう!!

ズズッ

とって
そのまま
…!?

ああっ!?
まさか…

ダンク…

ああっダメだァ
読まれてるーッ!!

うお…!!

132

あのゴリときたらヒドイ悪党ですね

動物園のゴリラを集めてチームをつくって自分はキャプテンだとか言ってゴリラをしごいてるというほどの男!!

してます?○○ハルコさん

ボクらの愛するバスケットにあーいう凶暴な動物をのさばらせてはいけませんからね!!

でももう大丈夫!!退治しましたから

な…なにしやがるゴリラジジイ!!

ドターン

いてーっ

ボクらのスラム…

おおっ!?

グイッ

だいたいてめーは負けたくせに…

晴子こいつがまさか…

ハ ハルコだとォ呼びすてにするとは……!!!

ガーン

うん

ズーズーしいにも
ホドが あるわい
このゴリ!!

ハルコさんに
近づくんじゃねぇ
あっちいけ!!

この人が
桜木君よ
お兄ちゃん

ニャ
ニャ
ニャ
ニャ

しっしっ

…

お兄ちゃん

今なんと？

しっ…！

くるり

…………

お兄ちゃん

お兄ちゃん

お兄ちゃん

パク
パク

負けたぜ…

桜木…

ビックゥ!

お兄さま
……!!

やるじゃん
桜木…

なーんて
言うと思うか
このドアホ!!

うわああっ
これつまらない
ものですが
おちかづきの
しるしに!!

いらんわ!!

ワハハハ!!

ガス
ガス
ガス

だんがお兄さまだ

139

I'mバスケットマン

しかし きのうの勝負は すごかったよな 赤木さんが負けちゃうなんてなー

あの桜木ってやつ

だけどよく考えてみりゃありゃあファウルだぜ

まあなルールなんてあっしルールなんてあってないようなもんだったからな

えーとカギカギ

あっカギがこわされてる

ん？

だ…だれかいるぞ!?

やあ キミタチ おそいじゃないか！

バスケット部 1年 桜木花道です ヨロシク!!

ナンバー ♯7

I'm バスケットマン

あーっ 赤い髪!!

桜木!!

でたあ

ダッ…ダメだよ桜木君!! それキャプテンのユニフォームだよ あああ知らないよ!!

それに部員じゃないのに勝手に部室に入んないでくれよ～

私はあのゴリ…いや！赤木キャプテンに勝ったスポーツマン桜木だぞ！！

むっ… バカ者！

ナ…ナイス！！

イヤ！これからはバスケットマン桜木と名のることにしよう！

なんせ あのゴリ…イヤ！キャプテンに勝った男だからなオレは…ふふふ

142

...まーだケツを見られたの根に持ってるな。

つき

スタ スタ

またまたお兄さまを！このバスケットマン桜木がバスケット部に入らずしてどうします

ぬぅ…

ピン

さァみんな練習だ！！試合は近いぞ！！

ハハハ

パン パン

さっさと着替えろ！！

オマエの入部など

認めん！

おっお兄さま

そのお兄さまってのはヤメロ

流川は富ヶの主将として県下でも有名だった男だ

ウチが最も欲しかった人材だ！！

オマエみたいなバカ力だけのヤンキー小僧とは月とスッポン！

たわけ

ルカワ ルカワはどうなんですか！！ルカワは入部したとききましたけど…

ダーッ ハッハッハッ！！

オマエなんか
これっっっっっ

ーーぽっち
も欲しくない
わ!!

・・・・・・・・
・・・!!

ふんぬーーっ
こ…のゴリ…

!!

クサくて
使用不能に
なった

あれっ？オレの
ユニフォームが
ないぞ

ヘンだな

オレの
4番の

どこだ!?

こっ これっっすよ
ホラここに…

おう安田
4番の
ユニフォーム
新しく注文
しとけ!

は？

ガッガ

だれだゴリラなんて
言ったのは!?

ブン
ブン

赤木キャプテン様に
失礼じゃないか!!
オマエか

ん〜〜〜
ダレがゴリラ
だって？

ガ…ガマンだ
あのお方はハルコさんの
お兄さま!!
桜木花道!

ハ

ル

中良く!
円満に!!

プル

プル

はっ…

イ…
イカン!!
オチツケ!

144

オマエか!!このこの何を…ぐわ

うわああっ

パン パン

さァ練習だ練習だ!!

バカはほっとけ!

くそくく なんと横暴な…

キャプテンが入部を認めんなんてそんな話きいたことねーぞ

きっとケツを見られたのまだ根にもってるんだケツくらいでまったくたかが

じゃあぼくは練習に

ちょっと待った

おいあのゴリのよろこびそうなことを教えてくれ

性格とか

あっまたゴリって言った言ってやろ～!!

ズビーッ ズビーッ ズビーッ あーーっ

……………

キャプテンは先輩後輩のケジメにはうるさい人だからそんなことゼッタイダメだよ!!

オレは2年なんだから!!キミは1年生だろう!?

なにをエラソーにこの…

ひい

あータオルわすれた

パラリ !!

先輩!!どーしたでありますか?

えっ何!?突然の頭痛!?

そりゃ大変であります!!

私めが保健室へ!!

さっ早く先輩!!

まったく…

メチャクチャだなあの男は

あんな奴絶対入れんぞ…

ほかにはほかにはないのか

う〜ん…とにかく赤木さんを愛してるてのはバスケを愛してる人なんだ…

痛い!

ズガ

ゴロン

そんなんじゃなくてもっとこう具体的な…

使える・ネタを・くれ!!

使える…?

カユーン カユーン

必死だな…

うーん厳格な人だから…

曲がったことがきらいで…

フンフン ゲンカク…ね

フンフン

フンフン

サラサラ

スゴクキレイ好きだし…

キレイ好き…!!それだ!!

ぐわっ

使える!!

3年6組

翌日——

キ…レ…イ…
好…き…と

もう
いいかい？

あと好きな
食べ物とか
女の好みとかも
きいとこう

好きな
食べ物は
やっぱ
バナナだろう バナ…ナと
"ゴリラだぞ"

さ さあ
しらないよ！

よし！
いないな…

がや
がや
がや

チワス
バスケットマン運送
ですが
赤木さんの席は
どちらで？

!!

ズン

ズン

ガタン

コレも

スッ

ドスン

よっ

こ…
ここだけど？

おお！
そちらで

毎度！

ザーラ

ん？

さァ次だ！
いそがしい
いそがしい

なんだこりゃあ
なに！？

3年6組

何のつもりだ
あいつ…

机の中にも、
何かおいてった
わよ赤木君

バスケット部

ガヤガヤ

ズズッ

贈

→雑誌きりぬき

なんでオレたちが
バスケット部室の
ソージしなくちゃ
なんねーのよ

花道よー

つべこべ
言うない
どーせヒマ
だろ
手伝えよ

ホラ
バナナやる
から

おう

友達だろー

もう
これっきり
だぞ

そんでオマエ
もうバスケ部
入ったの？

それは
このソージに
かかっている!!

シー
キレイに
するぞ!!

なんだ
そりゃ？

放課後—

あっ またカギが こわれてる

アイツだな …ったく

あっ…!!

おそいよ キミたち

これは キミが…?

イヤ あまりの汚なさに ついほっとけなくて

イヤ もともと 人間が キレイ好きな 方だから

ヘー やればキレイに なるもんだねぇ

なくくくにが やればキレイにだ てめーらが やんねー からだろーが!!

なんでオレが こんな汚ねーとこ ひとりでソージ しなくちゃ なんねんだ!!

あ"ーやだ

うわあっ よせよう

これは…!!

おっ…

ぴた…

ガラ…

チュース!! お疲れさんです!!

桜木っス!!

149

ほぉ～～～

キレイになってるな!!
こりゃいいや

ゴホッ
ゴホッ
ん!
ん!

気がきくようになったじゃねーか

イヤー
もともと人間が
キレイ好きな…

おまえたち!!

ポン

えっ

ん?
キミは
だれ?

部員以外は
立ち入り禁止
だよ ここは

くっそーっ

ドガ

な…
なんて陰険な
ヤローだ

とても
ハルコさんの
兄貴とは
思えん!!

くそう

ケン

ケン

ホラ
もっと速く!!

スピード!!

オラどうしたァ
!!

フン
いばって
やがるぜ

ブツ
ブツ

150

ストーップ!!
集合!!

うつ

うわっ

なんだ
このボールは!!
ちゃんと磨い
てんのか
おまえら!!

ホコリで
ズルズル
すべるだろー
が!!

フロアも!!

ちゃんとモップがけ
したのか!?
ズルズルじゃ
ねーか!!

しっかり
せい!!

スイマセン

!!

これだ…!!

ニャリ

でも
ムリだよなく
練習前の時間
じゃ…
2年は少ないし
桜木はジャマするし

うう

151

ほんじゃ
おつかれー
ー

おつかれ

そういえば
もう帰ったのか
あいつ…

えんがい
案外
こんじょう
根性の
ないやつだな

…
フッフッ

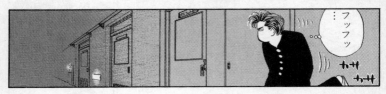

まーた
カギかけてやがる
とられるものなんか
ねーだろっての

バスケット部

ブブ

ガチャ

ブッ
フッ

フッフッ

ガララ…

おー
あるある

メキ

フン!!

おっ
これで
みがくんだな

みてろよ
ゴリ…
もとい
赤木キャプテン

午後９時─

あ─
疲れた!!

まだ
あんなにある
こりゃ
しんどいわ

とても
ひとりじゃ
ムリだ!

フー

プル
ルルル
ルルル
ルル

ハイ
野間
ですけど

あっ
チュウ?
桜木だけど
ボール
みがきを…

あっボク
弟の忠二郎
お兄ちゃんは
ルスだよ

あっ
桜木?
じゃね

ぬ
……

ツ
ツ

くそ
洋平は
いねえ

大楠だ

ガチャン

いや
もう
ない…

バナナは?

ツツツ
─

あっ
大楠?
ボールみがきを
手伝ってくれ

ダメだ
今
いそがしい

ガチャン

おのれハクジョーなヤツらめ!!

ガチャン

ハルコさん…

もっと別のいい方法があったかもしれない…

くそーやるんじゃなかった…

ほかの方法をさがそう

やめた!

どこ…

くそ…まだきみたいにまたさっきみたいにオレのしたことだと思われなかったらなんにもなんねえな…

まさにムダ骨…くそ…

根性ないやつはおこわりだってお兄ちゃんが言ってたけど桜木くんなら大丈夫です よね

コンジョーあります!!大丈夫!!

154

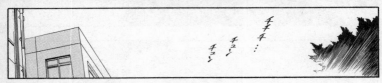

これは…

ほう…！！

こんな古くなってほとんど使わないボールまでみがいてあるとは……！！

さらによく見ると赤い髪があちこちにおちてるな…不自然なほどに…

ひとつひとつにさりげなく名前をかいてやがる…

ん？

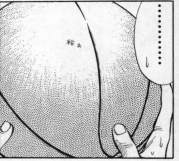

桜木

フッ…
まるで
ガキ
だな…

ハルコさ～ん
ムニャムニャ
ムニャ

部活の時間まで
使わんといてやるか
…

……………

ポン

てめーら
体育は外で
やれ!!

よごすんじゃ
ねえ
コラッ!!

あーっ
足あとが
!!

そんなこと
言ったって

――出ていけ
――っ!!

コラァッ!!

花道入部

いよーっ
ハルコちゃん
花道がバスケ部に
入部を認められた
って!?

そーなのよぉ!!
お兄ちゃんが
あいつは なかなか
根性が
あるって!!

いこっ!!

じゃあ 今日が
入部1日目って
わけだな!

よし
いっちょ
ヒヤカシに
いこうぜ

ダメよう
応援よ!!

例の
桜木だよ…

うん
まあ
オレも一応
新入部員では
あるな

キャプテンに
勝った男
とはいえ

一理ある

ヒッ

ヒッ

ズン

ズン

♪

…度胸ある
なぁ…

…上等じゃねーか

にゃろう!!
ガンたれてやがる

ルカワ…!!

大人になれ花道!!

オレは赤木主将に勝った男だ!!
いいかえれば次期主将の座を約束された男!!

ルカワなどとはすでに次元のちがう所にいるのだ!

大人になれ桜木花道……!!

おい
あれが富中の流川楓だ

ウチの中学なんてアイツ一人に負けたんだよな……

ウチもサインもらっとこうかな……

フッ…!!
レベルが低いよキミタチ
ここに次期キャプテンがいるというのに…

こりゃ
ダメだ!!

ワッハッハッ
いきなり
なぐられてる
ぞ!!

さっさと
並ばんか!

なんせ
オレは
キャプテンに
勝った…

あいつら!!
ヒヤカシに
きやがったな…

ハルコさん
!!

!!

さあ
お話を!!

1年
整列
しました
赤木キャプテン!!

SHOHOKU
BASKETBALL
TEAM

わかった
わかった

こらァ
1年は一列に
ならべ!!

はみだし
てるぞ
キサマ!!

いた

164

オレがキャプテンの赤木だ

はじめに1年の役割をいっておこう

練習前にボールみがき

それと練習の前後にコートのそうじ

このふたつは絶対欠かさないこと

きのうたった一人でこれをやってくれた感心な男がいる

！

ピクッ

コポ

見習うよーに

ほーーーー感心な奴がいるもんですね

誰かなー

ん！

ん！

なかなかできないよな

そこまでは！

うん

立派だな

桜木君

ガンバッテね…

くす

ハルコさん
…………
!!

見てくれて
ますか
この
バスケットマン
桜木の勇姿
!!

晴子の目線

おいおい
あんた
ダレの
応援
?

流川君…

二中出身
桑田です
162cm 50kg
中学時代は
フォワードでした

ヨロシク
お願いします
!!

よし
次

高校ではポジションは
ガードになると
思う

うむ

ドリブルや
パスの練習を
しっかりやっていかんと
生き残れんぞ
ガンバレよ

ハイ!!

富ケ丘中出身
流川 楓

187cm 75kg
ポジションは別に
決まってなかった
です

ポジションは
一人で全部
やってたぜ
アイツは…

うん

そんな感じ
だったよな

おい
流川

シュミとかは
あるのか?

シュミ…

うーむ…

無趣味！寝ることだって！！

寝ることかな

・・・

この3年寝太郎！

シュミは寝ること！なんてつまらない男でしょう！

そのうえいつも無表情！

次！次！！

そーか！寝すぎて顔が固まっちゃったんだなきっと

ハッ！！私ですね

桜木花道！！和光中出身！！188cm 83kg！！

よし！1年は以上だな！！

168

それじゃ
ぼくらも…

2年の
安田です

同じく
潮崎

角田です

あと今一人
入院してるんで
2年は全部で4人

もうちょっと
こう……

シュミとかさ…

……………

3年の
木暮だ！

3年
主将の
赤木剛憲だ
ヨロシクな!!

ガララッ

うんせ

ん
？

ほう
今年は
ほとんどが
バスケ経験者
だな！

ほんとだ
そりゃあ
助かるな
ウチは人数
少ないから

170

知ってるよ

あっ
流川君
アタシと同じ
富ヶ丘中なんスよ

チワス

よし
よし!!

おっ
流川
入ったかあー!!

まーた
背のびたんじゃ
ない!?

彩子!!

あんたには
赤木先輩たちも
即戦力として
大いに期待してる
からね!!

ね!!
頑張って

あーっ
桜木花道!!

な
なぜオレの…

あっ…
スイマセン
…!!

余計なこと
いうんじゃ
ねえよ

あっ…
スイマセン
…!!

今のウソ!
図にのらない
よーにな!!

ポン
ポン

のってねー

プーッ

!!

くくく…

あっはっはっ

あー
おかしい

あんた
有名人
だからね─

これは
ヨロコんで
いいのかな…

こ…

？

バン
バン

有名人…！？

みてたわよ
この前の
勝負!!

あんたって
おもしろいヤツ
─!!

こりゃ
これから
部活が
ますます
楽しくなるわ
ヨロシクね!!

ヨロシク

コチラコソ

や

ん

よーし

練習を
はじめる前に…

まず最初に
はっきり言っとく
ことがある

今年の目標は
全国制覇だ!!

厳しい練習に
なることは
いいな!!

覚悟しとけ!!

当然
でしょう!!

ファイ
オオーッ!!

湘北

ぜ…
全国…!?

ザワ

ソ〜〜〜ッ

ドッ ドッ ドッ

ドッ ドッ ドッ

エイ

オウ

エイ

ほっ

ほっ

ほっ

ハリキってんな
桜木花道!!

うんうん

あら!
晴子ちゃん
きてたの!

彩子さん
こんにちは

もうっ
彩子さん!!

あた
ふだ

ちがう
わよう
……!!

流川
見に?

なになに〜?

おーし
スクエアパス
!!

おう
!!

1

2

3

4

フン
フン
フン
フン

ぐるん
ぐるん

なんかわからんけど

おっしゃ!!

がし

彩子（アヤコ）ーっ!!

はーい

おまえ
桜木（コイツ）を
たのむ

？

ぬ…!?

初心者だから
基礎（きそ）から
みっちり!

ヨロシクな

……っ？

はい!!

基本が大事

自称
"次期キャプテン当確男"
(んなわきゃねーだろ)の
桜木花道(1年)が
バスケット部に入部して
1週間が すぎた

一方 鳴り物入りで入部した
ウワサのルーキー流川

彼見たさに体育館に
来る女子生徒の数は
ふえる一方であった

本人のイキゴミとは
うらはらに
相変わらず
コートのスミッコが
指定席の桜木

桜木は かなり
イライラしていた

花道が バスケ部に入部して一週間か

ちょっとは上達したかな

イヤ
もう そろそろ
やめるころ
だろう

うん

アイツは
マジメに部活に
うちこむなんて
ガラじゃねーもんな

ワイ

ワイ

どれ ちょっと
のぞいて
みるか

もう すでに
いねーかも
しんねーぞ

ガラガラ

キャーッ

お？

ナイスパス
流川！

きゃあ
まぁ

‥‥‥‥‥

見たかよ
今の…

うん

パスする相手なんて全然見てなかったのに…

背中に目があるみたいだなまるで

………。

フッ

おお
ルカワか

アイツってバスケじゃけっこう県内でも有名な奴だったらしいな

あの女たちはみんなルカワが目あてってわけか

ワイ
ワイ
ワイ

ん？

うーん…
ハルコちゃんもあれでけっこうミーハーだからな…

てことは…

バン

いーぞォ
流川!!

ぴくっ

....

イラ
イラ
イラ
イラ
イラ
イラ
イ

ダムダムダムダム

うーむ
かなり
きてるな

そろそろ
花道は
バクハツすると
みた！

いえてるな

入部当初のイメージ

桜木君
期待してるよ!!

湘北バスケ部の
未来はキミに
かかっている!!

くそう
こんなハズじゃ…

ダムダム

くっそー
この次期キャプテンに
対してなんだ、この扱いは
…あのゴリめ…

もん
もん
もん
もん

もう一週間も
こればっかり

これじゃスラムダンク
どころじゃねー
ねーか…！せっかく
ハルコさんにおしえて
もらったのに

うん

帰ろうか

晴子をたのむぞ
桜木……

ウッホ

おふたりさん

ちっ…やけるぜ全く

……しょうがねえなあ…まったく

いいの！こうしてたいんだもん

おいあんまりくっつくなよ

よし次はボールハンドリングの基礎ね!!

ぬう…現実はこれかちくしょう!!
この女もゴリの手下だな…!!

しょーがねーのはオマエだ！

スカ スカ スカ

コロコロ

また
キソか…

もう
たくさんだ…

おお…
あのグラマラスな
マネージャーも
なんか火に油
注いでるな

オレは
この
好みだな
ンなこた
きいてねーよ

そろそろ
くるぞ

ん？

そりゃーやっぱ
基礎が身に
つかないとねー

なんせ
初心者
だから

ちょ…
ちょっとアヤコさん
いつになったらオレも
みんなに
まじれ
るんすか

はやくこう
スラムダンクを
ドカンと…
やりたいんすけど
…

ん？

桜木君
どうしたのかな

たとえば
こういうのとか

こういうのが
まずは すばやく
できるように
ならないとね

どーだ！

スゴイ
じゃんか
桜木花道！！

スッゲェな…
初心者とは
思えないな…

あいつ
やっぱ
タダ者じゃ
ねーよ

おお！

こりゃあ
しっかり練習
させていけば
相当な選手に
なるかも…！！

なあ赤木
！！

フッ

ん

へへっ

これでやっと
みんなに
まじれるぞ
みてろよ

あっはっはっ！！
いいぞ桜木
その意気だ！！

イヤ
次期キャプテンと
ささやかれる男
としてはこれくらい！！

おお

おお

190

うわああっ
もうメチャクチャ
だあ〜〜〜!!

おい
みんなで
ふたりを
とめろー!!

くっそう
オレは
スラムダンクが
やりたいんだよ
!!

やらして
くれたって
いいだろ!!

くっ…
そのまえに身につけ
なきゃならんことが
山ほどあるんだ
ルールも全く知らん
くせに!!

こらっ
どこ行くんだ
桜木!?

帰る

こんな
つまんねー部は
もうやめる

桜木!!

1 桜木君（完）

■ジャンプ・コミックス

SLAM DUNK－スラム ダンク

1 桜木君

1991年2月13日	第1刷発行
2013年5月13日	第95刷発行

著者　　井上　雄彦

©1991 井上雄彦 アイティープランニング

編　集　　株式会社　ホーム社
東京都千代田区神田神保町3丁目29番　共同ビル
〒101-0051
電話　東京　03(5211)2651

発行人　　鈴　木　晴　彦

発行所　　株式会社　集英社
東京都千代田区一ツ橋2丁目5番10号
〒101-8050
03(3230)6233(編集部)
電話 東京 03(3230)6191(販売部)
03(3230)6076(読者係)
Printed in Japan

印刷所　　株式会社　廣済堂

ISBN4-08-871611-6 C9979